雷明教你做游戏 1~2岁

玩出优势脑力 家庭早教游戏

雷　明——著

北京科学技术出版社

图书在版编目（CIP）数据

玩出优势脑力家庭早教游戏：雷明教你做游戏. 1～2岁 / 雷明著. — 北京：北京科学技术出版社，2020.7
ISBN 978-7-5714-1038-4

Ⅰ.①玩… Ⅱ.①雷… Ⅲ.①智力游戏－学前教育－教学参考资料 Ⅳ.①G613.7

中国版本图书馆CIP数据核字（2020）第107158号

玩出优势脑力家庭早教游戏——雷明教你做游戏　1～2岁

作　　者：雷　明　著
策划编辑：刘　宁
责任编辑：路　杨　潘海坤
装帧设计：天露霖
责任印制：吕　越
出 版 人：曾庆宇
出版发行：北京科学技术出版社
社　　址：北京西直门南大街16号
邮政编码：100035
电话传真：0086-10-66135495（总编室）
0086-10-66113227（发行部）
0086-10-66161952（发行部传真）
网　　址：www.bkydw.cn
电子信箱：bjkj@bjkjpress.com
经　　销：新华书店
印　　制：北京宝隆世纪印刷有限公司
开　　本：889mm × 1130mm　1/16
印　　张：7.5
字　　数：90千字
版　　次：2020年 7 月第 1 版
印　　次：2020年 7 月第 1 次印刷
ISBN 978-7-5714-1038-4

定　　价：49.80元

作者序

游戏，远比你想象得重要

2017 年 2 月，我在乐视网儿童教育频道推出了一档婴幼儿早教类视频节目《三元爱力优脑力金钥匙》（后文简称《脑力金钥匙》）。每期节目介绍一两个在家里就可以和宝宝玩的亲子游戏，通过游戏提升宝宝的情商和智商。第一期节目一上线播放量就突破了 1200 万次，《人民日报》等主流媒体都做了报道。现在，50 期节目累计播放量已经超过了 5 亿次！

5 亿次，这个惊人的数字让我感受到广大家长对婴幼儿早教知识的渴望。很多家长说：“以前我们觉得早期教育就是给宝宝报早教班、买玩具，原来和宝宝一起做游戏也是早期教育啊！”的确，对于婴幼儿来说，游戏并不是闲暇时的逗趣，而是他们学习的主要方式。游戏，特别是亲子游戏，对于婴幼儿情商、智商的发育，远比你想象得重要。

婴儿一出生就积极地探索这个未知的世界，他们看到、听到、尝到、嗅到、触摸到的一切，都将对大脑发育产生重要影响。早期教育不是在早教班的一两个小时，而是生活的全部。《脑力金钥匙》节目介绍的游戏正是生活中的游戏，不需要专业的老师和复杂的教具，是在家庭中爸爸妈妈、爷爷奶奶都能学得会的游戏。

这些看似简单的游戏，是基于发展心理学研究，按照不同月龄宝宝的身心发育特点精心设计的。对于 0 ~ 3 岁的宝宝来说，年龄相差 1 个月，能力发展就会有明显差异。游戏只有适合宝宝的身心发育水平，才能引起宝宝的兴趣，促进宝宝各项能力的发展。1 个月的宝宝无法完成为 3 个月宝宝设计的游戏，而 3 个月的宝宝对 1 个月时玩过的游戏也会兴趣全无。所以，按月龄设计、在宝宝能力发展的关键节点提供最适宜的促进，是这本书的一大特点。当然，每个宝宝的生长发育速度不同，优势能力也不同，某项能力超前些或滞后些都是有可能的，您可以在一定的范围内根据自家宝宝的具体情况灵活选择。

目录

12 ~ 14 个月宝宝聪明游戏　1
1. 爬楼梯　2
2. 起立投篮　4
3. 学用勺子　6
4. 开火车、建高楼　9
5. 手指呼啦圈　12
6. 下一页是什么　14
7. 立体绘本　16
8. 学习三原色　18
9. 过家家　20

14 ~ 16 个月宝宝聪明游戏　23
1. 小小灌篮手　24
2. 欢乐瞬间　26
3. 认识回家的路　28
4. 认识方形　30
5. 小猫找朋友　32
6. 大小嵌套　34
7. 小小毕加索　37
8. 鼻子耳朵嘴　40
9. 学唱儿歌　42

16 ~ 18 个月宝宝聪明游戏　45
1. 神奇泡泡秀　46
2. 起脚踢球　48
3. 玩滑梯　50
4. 玩具捉迷藏　52
5. 黑白分明　54
6. 学认 1 和 2　56
7. 谁在说　59
8. 要哪个　61
9. 称呼陌生人　62

18 ~ 20 个月宝宝聪明游戏　65
1. 上下台阶　66
2. 小小架构师　68
3. 巧手开瓶盖　70
4. 桥梁建筑师　72
5. 宝宝爱劳动　74
6. 小朋友一起玩　76
7. 儿歌问答　78

20 ~ 22 个月宝宝聪明游戏　81
1. 移动接球　82
2. 宝宝快长高　84
3. 玩平衡木　87
4. 巧手穿珠子　88
5. 从画圈到画猪　92
6. 捉迷藏　94

22 ~ 24 个月宝宝聪明游戏　97
1. 跳下台阶　98
2. 小兔跳跳跳　101
3. 画五官　102
4. 照镜子换帽子　104
5. 自己吃饭　106
6. 学脱裤子　108
7. 你的我的　110

特别提示　112

除了对宝宝能力发展关键节点的精准定位，现场感和对游戏细节的指导，是这套书的第二个特点。书中介绍的每个游戏都邀请了该月龄的宝宝和我一起现场演示，并用图片对宝宝的表现进行了详细记录。通过看图和阅读图片下简短的解读，您不仅能迅速掌握游戏的方法，更能通过游戏成为理解宝宝的聪明父母。

最后我想强调的是，虽然书中介绍的每个游戏都有特定的促进宝宝情商、智商发展的功能，但游戏首先应该是快乐的，是您和宝宝一起度过的幸福时光，而不是对宝宝能力的测试。科学研究已经证实，大脑的发育不仅与婴幼儿身体的成熟有关，而且与情感有关——与爸爸妈妈在一起时愉快和幸福的感觉，对宝宝的大脑发育同样有积极的促进作用。放下你的功利心，和宝宝开心地玩起来吧！

雷明

2017 年 8 月于北京

目录

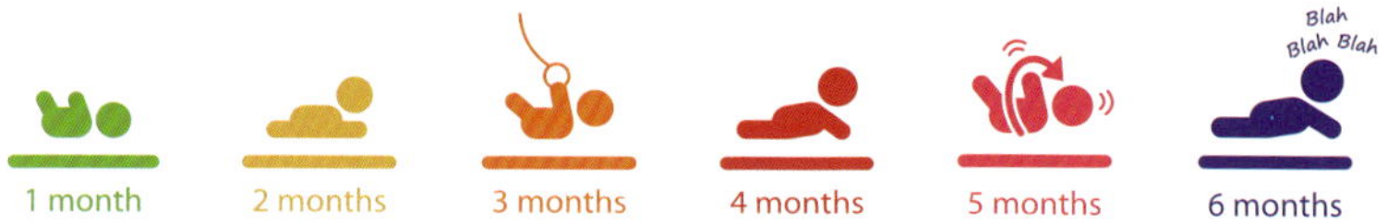
1 month
2 months
3 months
4 months
5 months
Blah
Blah Blah
6 months

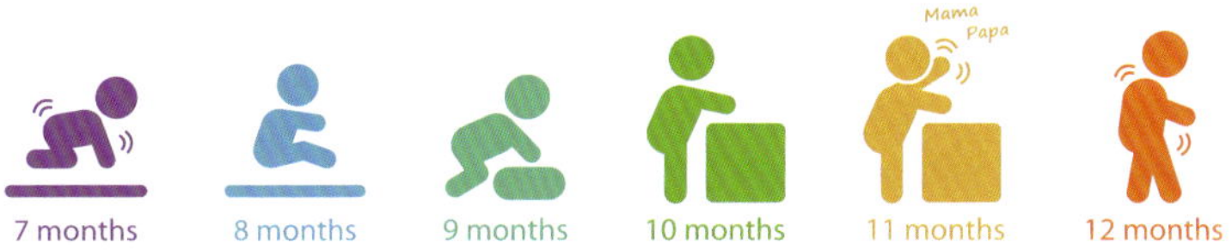
Mama
Papa
7 months
8 months
9 months
10 months
11 months
12 months

12 ～ 14 个月 宝宝聪明游戏

出生第二年，宝宝身长和体重的增长速度会减慢，但宝宝的运动能力和手指精细动作能力会有明显进步。很多宝宝在 1 岁前后能够自己走几步，但走得还很不熟练，学走路是这一阶段宝宝很愿意做的事。学会走路使宝宝探索和控制环境的能力进一步增强，打开了他认识世界的新天地。

1. 爬楼梯

1 岁之后，宝宝大脑发育将进入一个新的阶段，大脑要全面控制四肢和躯干，为宝宝走、跑、跳做准备。我们要从现在开始，为宝宝下一阶段的大脑发育做好准备。我们要在游戏中让宝宝尽可能多地四肢并用，让宝宝的小胳膊、小腿互相配合，完成一些了不起的事。

游戏目的： 1. 增强宝宝的四肢力量和在运动中保持平衡的能力。

2. 锻炼宝宝的胆量，增强宝宝的自信心。

3. 激发宝宝的愉快情绪。

游戏方法：

第一步： 妈妈和宝宝一起玩。

第二步： 妈妈鼓励并保护宝宝往楼梯上爬。

第三步： 如果宝宝爬上去了，妈妈要祝贺宝宝。

游戏解读：

爬楼梯是这个阶段宝宝喜欢做的事。在宝宝手脚并用向上爬的时候，宝宝的大脑要在指挥双手的同时指挥双脚，并逐渐找到规律，让四肢协调运动。在这个阶段，宝宝四肢并用的动作越丰富，大脑就会得到越多的刺激和锻炼，宝宝就会越聪明。

爸爸妈妈不要急躁，要多鼓励和陪伴宝宝，并做好保护措施。如果家里有条件，可以布置一些适合婴幼儿攀爬的器械，这些器械一样可以锻炼宝宝的四肢协调性，促进宝宝的大脑发育。宝宝进行的四肢协调性锻炼越多，长大后运动能力就越强。所谓的运动天赋，其实是可以培养的。

特别提示：

如果家里有楼梯，要增加一些安全设施，以免宝宝在爬上爬下时受伤。

2. 起立投篮

从 1 岁开始，宝宝要努力学习走路。经常进行攀扶起立、弯腰捡物、扶手迈步锻炼的宝宝，下肢力量已经得到充分锻炼，这时就可以和宝宝玩起立投篮游戏了。

游戏目的：

1. 锻炼宝宝从坐姿变为站姿的能力。
2. 锻炼宝宝站姿平衡的能力。
3. 锻炼宝宝自己迈步的能力。

游戏方法：

第一步：准备一个篮球架，篮球架的高度要和宝宝站姿伸手的高度相同。

第二步：宝宝坐在地上，妈妈给宝宝示范，将球投进篮筐。

第三步：妈妈鼓励宝宝站起来投篮。

第四步：妈妈把篮球递给宝宝，宝宝抱着球走到篮筐下，把球装进篮筐。

游戏解读：

宝宝看到妈妈把球投入篮中，自己也很想试一试，会自己从坐着的姿势努力站起来。站起来之后要从妈妈的手里接过球，双手抱着球走到篮筐下，这既锻炼了宝宝站姿的平衡，又锻炼了宝宝走动过程中的平衡。为了把球放入篮筐中，宝宝要协调双臂和身体的动作，打破原有的身体平衡，再建立新的平衡。在大人看来一个简单的投篮动作，却是对宝宝运动能力的全面锻炼。

每次都要等宝宝重新坐下以后再把球递给宝宝，这样宝宝就会反复站起。如果宝宝投篮成功，爸爸妈妈要用笑容和肯定的话鼓励宝宝。

如果家里没有可调节高度的篮球架，可以用一个吊起的塑料桶代替。

特别提示：

宝宝自己站起来和投篮的时候，爸爸妈妈要做好保护，别让宝宝摔倒磕到篮筐上。

3. 学用勺子

1 岁左右的宝宝一定要开始练习自己用勺子吃饭了。爸爸妈妈可以为宝宝准备一套小餐具，尤其是小勺子，经常让宝宝用自己的小勺子吃一点儿东西，这是为宝宝用笔写字、画画做准备。

游戏目的： 1. 锻炼宝宝的手部精细动作能力。
2. 锻炼宝宝的手眼协调能力。

游戏方法：

第一步： 宝宝和妈妈对坐，妈妈用勺子从小玻璃瓶中舀出食物，给宝宝吃一口。

第二步： 妈妈把勺子给宝宝，让宝宝自己用勺子舀出食物。

第三步： 宝宝舀出食物，妈妈鼓励宝宝。

游戏解读：

玩这个游戏时有 3 个窍门，爸爸妈妈一定要注意：一是选用土豆泥之类的食物，因为土豆泥有黏性，是倒不出来的，宝宝除了用勺子伸进去舀，别无他法；二是玻璃瓶口要小于宝宝的手，使宝宝无法伸手进去抠；三是玻璃瓶要透明，能够让宝宝看到勺子和食物。

可以用土豆泥、红豆沙、绿豆沙等，都是一样的效果。如果宝宝把食物弄到衣服上或者地上，爸爸妈妈不要责怪，保持欢乐的气氛，不要让宝宝有抵触情绪。

特别提示：

中国家庭喂宝宝吃饭的现象很普遍，不利于宝宝自理能力的培养和自主性的发展。爸爸妈妈应该给宝宝选择吃什么、吃多少的权利，让宝宝自己吃饭，不仅可以减轻父母的劳累，更是宝宝心理健康发展的需要。

4. 开火车、建高楼

积木是宝宝的经典玩具，可以从几个月一直玩到五六岁。每个阶段，积木的玩法都不一样。这一阶段，可以用积木和宝宝玩开火车、建高楼的游戏。

游戏目的：

1. 锻炼宝宝的手眼协调性。
2. 提升宝宝的记忆能力和联想能力。
3. 启发宝宝的想象力和创造力。

游戏方法：

第一步： 宝宝和妈妈对坐，妈妈从积木盒中取出 3 块积木，左右依次排列。

第二步： 妈妈推着排列好的积木向前移动，同时对宝宝说："宝宝，快看，火车出发了！"

第三步： 妈妈对宝宝说："来开火车吧。"观察宝宝是否会从积木盒中拿出积木，将积木排成火车的样子。

第四步： 妈妈将一块积木放在另一块积木的上面，对宝宝说：“宝宝，快看，高楼建好了！”

第五步： 妈妈将积木递给宝宝，对宝宝说：“宝宝也来建高楼吧。”观察宝宝是否会从积木盒中拿出积木，将积木建成高楼的样子。

第六步： 游戏结束之后，妈妈和宝宝一起将积木放入盒中。

游戏解读：

积木不要选择太复杂的，否则超过这个月龄宝宝的能力，宝宝会因为做不到而丧失对游戏的兴趣。可以选择五六块积木组成的积木套装，积木块数太多会造成宝宝注意力分散，太少会让宝宝丧失兴趣。积木不要太大，长、宽、高各 4 厘米左右为宜，方便宝宝的小手抓握。先给宝宝两三块积木，然后逐渐增加，维持宝宝的兴趣。一开始宝宝很可能会把积木乱丢，爸爸妈妈不要不耐烦，要反复示范。

积木左右排列要比向上垒高容易，所以可以先用积木玩开火车游戏。3 块积木依次排列，妈妈指着积木说“这是火车”，宝宝就会在眼前的积木和记忆中的火车之间寻找共同点，这是对宝宝记忆能力和联想能力的锻炼，这两种能力是想象力和创造力发展的基础。想象和创造不是凭空产生的，而是建立在已有认知基础之上的。所以，宝宝熟悉什么，就可以把积木想象成什么，比如公共汽车、地铁列车或者轮船。

建高楼关键是要把积木放正，放正才能保持稳定，否则高楼就会倒塌。这个月龄的宝宝，一般能将 3 块积木依次垒高。

5. 手指呼啦圈

在宝宝几个月的时候，我们介绍过套圈游戏，锻炼宝宝的手眼协调性，帮助宝宝建立大、小的概念，还可以认识颜色。现在游戏的难度提高了，套圈改成了套环。

游戏目的：

1. 锻炼宝宝的手眼协调性。
2. 锻炼宝宝手指和手腕的灵活性。

游戏方法：

第一步：准备几个直径 3 厘米左右的塑料圆环。

第二步：妈妈把圆环套在手指上晃动，逗引宝宝注意。

第三步：妈妈把圆环递给宝宝，让宝宝把圆环套在妈妈手指上。

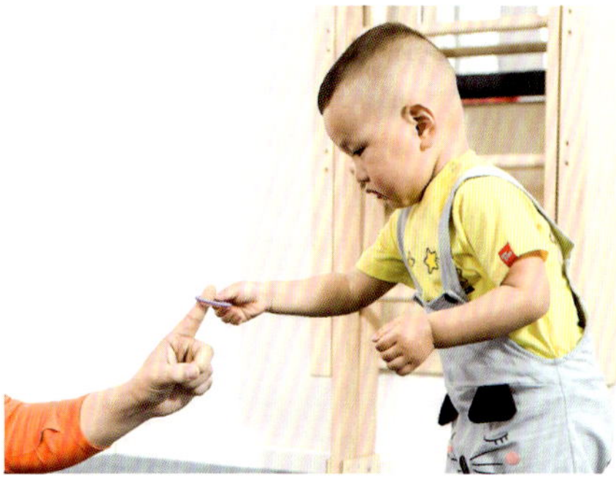

第四步：妈妈让宝宝伸出手指，把圆环套在宝宝手指上。

第五步：妈妈握住宝宝的手腕，教宝宝晃动手指上的圆环。

游戏解读：

爸爸妈妈先用手指快速转动圆环，就像玩呼啦圈那样，宝宝会很喜欢这个动作。然后，爸爸妈妈把圆环交给宝宝，再伸出手指，宝宝就会把圆环套在妈妈的手指上，因为他想看手指呼啦圈表演。当宝宝把圆环套在妈妈手指上，妈妈要祝贺宝宝，让宝宝觉得自己这么做很了不起。

多准备几个圆环，宝宝每套 1 个，妈妈就大声帮宝宝数：“1！2！ 3！”这个月龄的宝宝还理解不了数字，数字是抽象概念，但宝宝可以通过游戏获得感性认识。有的宝宝能学会说 1 和 2。

爸爸妈妈还可以让宝宝伸出手指，把圆环套在宝宝手指上，教宝宝如何让圆环转动起来。这个动作对爸爸妈妈来说很简单，但对宝宝来说却是一个需要攻克的难题，宝宝需要学习控制手腕转动的幅度和速度。

6. 下一页是什么

1 岁左右的宝宝特别喜欢听故事，常常要求反复讲同一个故事。虽然宝宝并不认识字，但宝宝听几遍就能记住故事情节，知道下面会发生什么，这时可以让宝宝练习自己翻书页。

游戏目的： 1. 提升宝宝的手眼协调性和手部精细动作能力。

2. 提升宝宝的记忆力。

3. 提供丰富的语言信息，帮助宝宝学说话。

游戏方法：

第一步： 妈妈给宝宝讲书中的故事。

第二步：妈妈讲完一页，宝宝翻到下一页。

游戏解读：

反复听同一个故事，是这一阶段宝宝的特点。宝宝熟悉了一本故事书以后，当妈妈讲完一页，宝宝就知道下一页会有什么。这时妈妈不翻书，宝宝就会伸手翻书，因为他知道妈妈还没讲完。

宝宝一开始不可能精准地翻起一页，常常一次翻两页。爸爸妈妈不要着急，可以选择每一页都很厚的书，很多婴儿睡前读物每一页都有 2 ~ 3 毫米厚，而且纸板很坚韧，那就是专门设计让宝宝练习翻书这个动作的。

等宝宝可以一次翻一页了，他的手眼协调性和手部精细动作能力都获得了发展。再次强调，提升宝宝的手部精细动作能力和手眼协调性，是对宝宝大脑的直接锻炼。

7. 立体绘本

从 1 岁开始到 3 岁，是宝宝口头语言能力发展的关键期。对成年人的统计数据表明，一个人的口头语言表达能力，与他的情商、智商呈正相关。那我们怎么从宝宝 1 岁开始强化他的口头语言表达能力呢？下面要介绍的游戏就是一个强化宝宝口头语言表达能力的好方法。

游戏目的： 1. 丰富宝宝的感知觉体验。

2. 让宝宝将感知觉与特定词汇建立联系。

游戏方法：

第一步： 选择一本内容简单、感知觉体验丰富的立体绘本，妈妈给宝宝讲绘本。

第二步：妈妈引导宝宝用手打开绘本中的小机关。

游戏解读：

立体绘本的“立体”指的是感知觉的立体，通过调动宝宝的视觉、听觉甚至是嗅觉和触觉，帮助宝宝加深对语言的理解。

翻开绘本，妈妈给宝宝讲故事的时候，比如说讲到小兔子，旁边就有小兔子的毛。宝宝一边听妈妈讲，一边就可以用手摸摸小兔子的毛，用触觉去感受小兔子。然后再往后翻，妈妈讲到花，就可以闻花香——书里的花朵是有香味的，宝宝可以用嗅觉感受花香。妈妈在和宝宝阅读绘本的过程中，宝宝不仅是听妈妈讲故事，还可以用自己的嗅觉、触觉和精细动作来阅读绘本里的内容。宝宝不仅在听，还可以摸、可以闻。宝宝接受的信息，在感知觉上是立体的。下次宝宝再听到“小兔子”这个词，立刻就能回忆起指尖的触觉；宝宝再听到“花”这个词，立刻就回忆起自己闻到过的花香。被调动的感知觉越丰富，记忆就越深刻，对这个名词的理解也就越全面。

从宝宝 1 岁开始，爸爸妈妈要有意识地经常给宝宝讲故事。除了讲故事，还要多在宝宝面前聊天。不要以为大人聊天宝宝听不懂，你说话的方式和内容都会对宝宝的口头表达能力产生重要影响。

8. 学习三原色

在大多数情况下，宝宝第一个认识的颜色是红色。在《脑力金钥匙》节目中，我有意让刚刚 11 个月的宝宝先认识蓝色，只是想让爸爸妈妈们看到，难度无差别，只要方法正确，11 个月的宝宝就能做到。

游戏目的： 让宝宝把视觉信息和颜色名称对应起来。

游戏方法：

第一步： 妈妈和宝宝一起玩，妈妈把红色、黄色、蓝色的塑胶棒放在宝宝面前，告诉宝宝“这个是红色的”“那个是蓝色的”“这个是黄色的”。

第二步：妈妈问宝宝："哪个是红色的？"（或"哪个是蓝色的""哪个是黄色的"）。如果宝宝指出了正确的颜色，妈妈要鼓励宝宝。

第三步：妈妈拿出红色、蓝色、黄色的飞碟，问宝宝"哪个是红色的？"（或"哪个是蓝色的""哪个是黄色的"），看宝宝是否能指向正确的颜色。

游戏解读：

一开始宝宝可能无法做到每次都指出正确的颜色，这需要耐心。宝宝一旦能够把颜色的视觉信息和颜色名称对应起来，爸爸妈妈就要注意：以后和宝宝聊天，在名词前面加上颜色，以前说"狗狗"，以后要说"黄色的狗狗"；以前说"球"，以后要说"红色的球"。给宝宝搭配一套三原色的积木，一边和他说一边陪他玩，会起到很好的巩固效果。

9. 过家家

1岁多的宝宝，模仿能力非常强。看到妈妈每天照顾自己，宝宝也会模仿。和宝宝一起玩过家家游戏，可以让宝宝体会爱与呵护。

游戏目的： 1. 提升宝宝的自我意识。

2. 用角色扮演培养宝宝的情商。

游戏方法：

第一步：宝宝和妈妈对坐，妈妈用小奶瓶给玩具娃娃喂奶，用小梳子给娃娃梳头。

第二步：妈妈把娃娃交给宝宝，让宝宝模仿妈妈照顾娃娃。

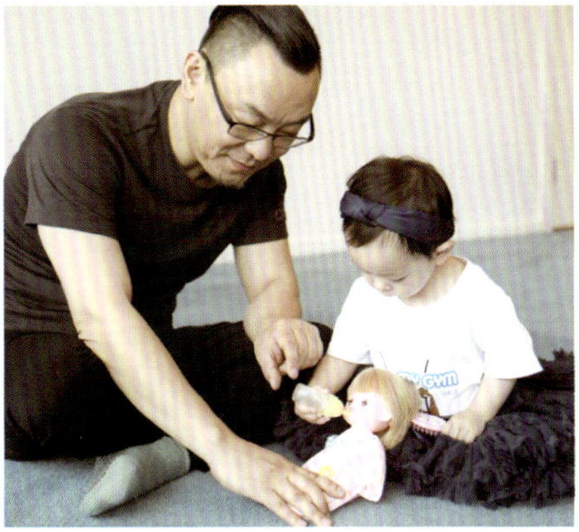

游戏解读：

爸爸妈妈可以给娃娃换衣服、盖被子、唱摇篮曲，轻轻拍娃娃入睡，并让宝宝模仿。

“我”照顾娃娃，这个过程会让宝宝意识到“我”的重要性。宝宝在照顾娃娃的时候，会模仿爸爸妈妈的行为，扮演一个强者和大人。虽然这个月龄的宝宝并不懂什么是责任感，但是他会在照顾娃娃的过程中学习去爱、去呵护。

最开始，宝宝会因为难以控制自己的手部力量，大力拍打，甚至掀起娃娃身上盖的手绢，这时爸爸妈妈要温柔地告诉宝宝“我们爱娃娃”“我们要轻轻地摸”，同时示范给宝宝看。

MY GYM

14～16 个月
宝宝聪明游戏

经过前两个月的练习，现在宝宝走得更稳了。不仅可以在行走的过程中蹲下再站起来接着走，而且可以推着、拉着玩具车走，还会横着走、倒着走。

1 岁以后，宝宝的语言能力突飞猛进，几乎能理解你说的每句话，也会非常积极地与你交流。现在和宝宝说话不要再用儿语，而要用简单的字词和短句子。

1. 小小灌篮手

12 ~ 18 个月的宝宝正在练习走路，需要发展四肢和躯干的协调性，需要培养探索环境的自信，投球游戏最适合这个月龄的宝宝。

游戏目的：

1. 锻炼宝宝在运动中保持平衡的能力。
2. 锻炼宝宝的全身协调性。
3. 增强宝宝的自信心。

游戏方法：

第一步： 准备一个小篮球架（也可以把一个小塑料桶挂起来，代替篮球架），球架的高度要超过宝宝站姿伸手的高度几厘米，让宝宝努力踮脚、伸长躯干才能把球放进去。

第二步： 妈妈和宝宝一起玩球，调动游戏气氛。

第三步： 妈妈把球投入篮筐，示范给宝宝看。

第四步： 鼓励宝宝把远处的球捡起来，走到篮筐下，把球投进去。

游戏解读：

篮筐升高了几厘米，球必须脱手才能进入篮筐，投篮游戏的难度加大了。按照前面介绍的方法玩过投篮游戏的宝宝，将很容易适应游戏的新变化。

投完球宝宝必须把球捡回来，往返过程是对行走能力的锻炼。宝宝站在篮筐下，无法再像过去那样把球放进去，而是要把球抛起来。宝宝要目测篮筐的高度，估算扔球的角度和方向，这是对宝宝空间感知能力的锻炼。宝宝对着篮筐投出手里的球，需要踮脚、伸腿、挺腰，肩膀、手臂、双手共同努力。宝宝为了扔出手里的球，全身向上发力，这时候宝宝要瞬间调整自己的平衡才不会摔倒，这是对宝宝全身协调性很好的锻炼。

一开始，宝宝抛出的球不是歪了就是远了。爸爸妈妈不要着急，宝宝会在一次次尝试中自己调整动作。一旦投篮成功，爸爸妈妈要鼓励和祝贺宝宝。

选择了一个行动目标，通过全身运动实现这个目标，这个过程是对宝宝自我意志的锻炼。“看，我要这么干，我努力做到了！”经常有人问我自信心从哪来，我们的自信就是从一次又一次地自我意志的实现当中来的。

2. 欢乐瞬间

1 岁多的宝宝总是精力充沛地玩玩闹闹，很难安静下来。现在，我们要用拍照的方式让宝宝按照爸爸妈妈的要求安静几秒钟。

游戏目的： 1. 提升宝宝的情商。
2. 锻炼宝宝的记忆力。

游戏方法：

第一步： 宝宝和妈妈一起玩，妈妈让宝宝摆 POSE，用手机给宝宝拍照。

第二步： 妈妈给宝宝看手机上的照片，并描述刚才拍照时的情景。

游戏解读：

学习按照别人的要求约束自己几秒钟，这是很好的情商启蒙。

拍照和看照片的时间不要间隔太久，一开始最好在拍照现场，边看照片边回忆几分钟以前的事。妈妈可以指着宝宝拍照的位置问宝宝："我们刚才是不是在这拍照的？" "你看，你扭头了。"宝宝回忆起来会很开心。

爸爸妈妈带宝宝出行时，在回家的路上找几个地方，比如广告牌、小假山旁边，给宝宝拍照，然后一起看照片，为下一阶段宝宝学认路做准备。

3. 认识回家的路

如果按照前文介绍的拍照游戏玩一段时间，宝宝就对回家路上的几个标志性地点有印象了。这时候带宝宝玩认路游戏会很容易。

游戏目的： 1. 锻炼宝宝顺序记忆的能力。
2. 锻炼宝宝辨认方位的能力。

游戏方法：

第一步：妈妈带宝宝出去玩，一边走一边让宝宝注意家附近的一些标志物 。

第二步：回家的时候，每到一处标志物，妈妈都问宝宝“家在哪里啊”，让宝宝带路。

游戏解读：

爸爸妈妈带宝宝出行，回家的路上，快走到拍过照片的地方停下来问宝宝：“家在哪儿？”宝宝会指出家的方向。宝宝把拍过照片的地方串起来，就是回家的路。

如果宝宝没玩过拍照游戏也没关系，爸爸妈妈把回家的路线固定下来，带着宝宝多走几次，边走边指认标志物，宝宝也能很快记住回家的路。

认路不仅要求宝宝记住标志物，而且要求宝宝记住标志物出现的顺序和方位。虽然宝宝还不知道东西南北这些方位名称，但可以通过认路对方位有感性认识。

4. 认识方形

如果您一直看《脑力金钥匙》节目，那您的宝宝应该已经玩了一段时间插槽玩具了。也许他已经可以把圆形的、方形的、三角形的插槽玩具插在正确的插槽里。现在，我们要让宝宝知道不同形状的名字：圆形、方形、三角形。

游戏目的： 教宝宝认识方形。

游戏方法：

第一步：宝宝和妈妈一起玩插槽玩具。

第二步： 妈妈拿出方形插槽玩具，告诉宝宝“这是方形的”。

第三步： 宝宝自己玩插槽玩具，妈妈对宝宝说“把方形的给妈妈”，看宝宝能否拿对。

游戏解读：

这个月龄的宝宝还无法知道几何形状意味着什么，但是只要让他记住这几个几何图形的名称，爸爸妈妈以后就可以启发他：“碗是圆形的吗？”“盒子是方形的吗？”过三四个月，爸爸妈妈可以在带宝宝出去玩的时候问宝宝：“轮子是什么形状的？”如果宝宝回答“圆形的”时，说明他初步理解并记住了圆形这一概念。碗是圆的，车轮也是圆的，这是对联想能力和归纳能力的锻炼。

5. 小猫找朋友

通过观察几张图片，挑选出和自己刚才看到的一样的图片，这是一个记忆和再认的过程，也是对比、辨别的过程。每张图都有“是”和“否”两种选择，宝宝要做出“是”或“否”的判断，就要通过观察把不同的图片进行对比。还记得小学考试时的单选题吗？逻辑过程是一样的。

游戏目的： 1. 锻炼宝宝记忆和再认的能力。

2. 锻炼宝宝对比、判断的能力。

游戏方法：

第一步：准备几张动物图片，其中有两张小猫图片是一样的。

第二步：拿出一张小猫图片给宝宝看，告诉宝宝“这是小猫”。

第三步：把给宝宝看的小猫图片放在一边，将其他几张图片摆在宝宝面前。

第四步：让宝宝从其他图片中指出哪一张和旁边的小猫图片是一模一样的。

游戏解读：

爸爸妈妈平时要多观察，宝宝最喜欢哪张图片，挑选宝宝最喜欢、最熟悉的那张，把这张图片复印 1 张，然后和其他图片混在一起。因为是宝宝最喜欢、最熟悉的，所以第一次游戏就容易成功，让宝宝体会成功的喜悦，之后再用别的图片让宝宝识认。

先从 1 对相同的图片开始，慢慢可以增加成对图片的数量，有的宝宝在这一月龄能够找出 5 对相同的图片。

6. 大小嵌套

通过游戏和玩具让宝宝理解一些相对概念，比如大和小、正和反，看过《脑力金钥匙：雷明教你做游戏（0~1 岁）》分册的读者会发现，我们早就在做这个准备了，比如套圈。现在我们要升级游戏难度，用嵌套玩具让宝宝明白大小概念。

游戏目的： 让宝宝对大、小建立感性认识。

游戏方法：

第一步： 准备 1 个大碗、1 个小碗，妈妈将小碗放入大碗中。

第二步：妈妈将碗递给宝宝，让宝宝尝试将两个碗套在一起。

第三步：准备大、中、小 3 个碗，妈妈先示范两个碗如何套在一起，再示范 3 个碗如何套在一起。

第四步：妈妈将碗递给宝宝，让宝宝尝试将 3 个碗套在一起。

游戏解读：

大、小是可以在游戏中感知的，从大到小3个塑料碗，1个套1个，宝宝会在操作中感受到大和小——小碗可以放进大碗里，但大碗却不能放进小碗里。可以先用2个大小不等的碗让宝宝玩，逐步增加难度。2个碗只需要比较1次，也只有大套小1种组合；而3个碗则需要比较多次，有大套中、中套小、大套小3种组合。经过两两相套的尝试，才能知道大、中、小的正确排序，将3个碗套在一起。只是增加了1个碗，却对宝宝的逻辑思维能力提出了更高的要求。

游戏中，爸爸妈妈要不断地说“这个大”“那个小”，让宝宝在操作的同时，听到“大”和“小”，把动作与视觉信息、听觉信息对应起来。

嵌套玩具不仅需要宝宝识别大和小，对宝宝的手指精细动作能力要求也很高。宝宝要用自己的小手指把玩具嵌套进去，这涉及到双手动作方向和对齐，有一点点差错都插不进去。所以宝宝一开始做不到很正常，一旦宝宝做到了那就是了不起的成就。

7. 小小毕加索

涂涂画画不仅有利于宝宝认识颜色，而且宝宝用手控制蜡笔，画出自己喜欢的线条，这个过程是宝宝精细动作和动作协调性的大发展。

游戏目的： 1. 提升宝宝手指的抓握能力。

2. 锻炼宝宝手腕的控制能力。

游戏方法：

第一步：准备一盒柔软的儿童蜡笔和一个画板。

第二步：妈妈用蜡笔在画板上涂画，给宝宝做示范。

第三步：让宝宝自己选择一种颜色的蜡笔，妈妈拿着宝宝的手引导宝宝涂画，让宝宝体会在纸上涂画的感觉。

第四步：让宝宝自由涂画。

游戏解读:

一开始最好选用鸡蛋形的蜡笔，因为鸡蛋形的蜡笔宝宝容易抓握，在纸上滑动蜡笔就可以留下痕迹；而长形的蜡笔不仅需要宝宝 5 个手指协调配合，还需要转动手腕。对 14 个月左右的宝宝来说，难度较大。从容易掌握的开始练习，宝宝更容易成功，也就更有继续玩的兴趣和信心。

爸爸妈妈应该任由宝宝发挥，完全不用约束宝宝的想象力。宝宝喜欢画什么就画什么，画成什么样就是什么样。如果想通过涂涂画画让宝宝记住颜色，可以每天只给宝宝一种颜色的蜡笔。比如今天只提供绿色的蜡笔，妈妈和宝宝一起画，妈妈要把自己画的和宝宝交流：“这是绿色的树，这是绿色的小草。”

特别提示：

出于安全性的考虑，1 岁多的宝宝一定要选择柔软的蜡笔。而且宝宝涂画时一定要有家人陪伴，因为宝宝很可能会把蜡笔放进嘴里。

8. 鼻子耳朵嘴

1 岁多的宝宝不仅能够认识自己的五官，而且可以学认手、脚、胳膊、腿、肚子、头发、膝盖、肩膀等身体部位。这时可以和宝宝玩听口令做动作的游戏，巩固宝宝对自己身体的认知，锻炼宝宝的快速反应能力。

游戏目的： 1. 巩固宝宝对自己身体的认知。
2. 锻炼宝宝的快速反应能力。

游戏方法：

第一步：妈妈和宝宝对坐，妈妈说“鼻子”，同时用手指自己的鼻子。

第二步：妈妈说“鼻子”，让宝宝指自己的鼻子。

第三步：妈妈让宝宝说“鼻子”，妈妈根据宝宝的口令做动作。

第四步：宝宝学会指认鼻子后，再练习指认眼睛、嘴、耳朵等身体部位。

游戏解读：

每指一个部位，都要同时清晰地说出这个部位的名称。宝宝一开始只是看，慢慢地就会模仿妈妈的动作。宝宝很喜欢让别人按他的口令做动作，这会让宝宝觉得有趣又自信。如果宝宝指的身体部位名称他不知道，爸爸妈妈要一边做动作一边替宝宝说出来。

9. 学唱儿歌

1 岁多的宝宝已经进入学说话的关键期，童谣和儿歌是宝宝非常喜欢的语言素材。特别是有数字、可以做动作的儿歌，更是深受宝宝喜爱。

游戏目的：

1. 丰富宝宝的语言信息。
2. 培养宝宝语言的韵律感。
3. 加深宝宝对身体部位的认知。
4. 增强宝宝手指的灵活性。
5. 增强宝宝对数字的感性认识。

游戏方法：

第一步：妈妈一边念儿歌一边做动作：

一只蛤蟆（伸出食指表示“1”），一张嘴（指嘴）。

两只（伸出食指和中指表示“2”）眼睛（指向眼睛），四条（伸出 4 个手指表示“4”）腿（拍腿）。

扑通一声跳下水（双手做跳跃状）。

第二步：妈妈示范几次之后，让宝宝和妈妈一起跟着儿歌做动作。

第三步：妈妈念儿歌的上句，让宝宝补充下句；或者让宝宝念上句，妈妈补充下句。

游戏解读：

别看这首儿歌只有 5 句，却能够锻炼宝宝的多种能力。通过学念儿歌，宝宝的语言能力得到提升，对“一只”“两只”“四条”这样的数量词有了感性认识。伸出食指表示“1”，伸出食指和中指表示“2”，伸出 4 个手指表示“4”，对宝宝手指的灵活性是很好的锻炼。

教儿歌不要着急，教会一句再教下一句。即使宝宝一时背不出也没关系，边听边做动作，慢慢就会背了。千万不要强迫宝宝背，越强迫宝宝越紧张，效果反而不好。游戏是寓教于乐，千万不要把游戏变成能力训练和测试。宝宝不喜欢玩或不会玩，说明这个游戏不适合宝宝，那就放下不玩。观察宝宝喜欢玩什么，就多和宝宝玩他喜欢的游戏。虽然婴幼儿的身体和心理发育有普遍规律，但每个宝宝的发育时间表并不完全相同，不能生搬硬套。

16～18个月宝宝聪明游戏

现在宝宝会说的话越来越多了，不仅会说爸爸妈妈、爷爷奶奶的名字、身体部位的名称、自己喜欢的物品的名称，而且开始学习使用动词和方位词，比如动词“走”“去”“到”“来”、方位词“上”“下”“里”“外”等。

1. 神奇泡泡秀

爱因斯坦说，想象力比知识更重要。因为知识是有限的，而想象力是无限的。下面这个游戏不仅可以全面锻炼宝宝身体的协调性，更重要的是可以让宝宝获得绚丽多彩的想象空间，激发宝宝的想象力和好奇心。

游戏目的：

1. 提升宝宝追视移动物的能力。
2. 锻炼宝宝在移动中伸手够物的能力。
3. 丰富宝宝的触感体验。
4. 激发宝宝的想象力和好奇心。

游戏方法：

第一步：宝宝和妈妈一起玩，妈妈吹泡泡。

第二步：宝宝追逐泡泡，伸手抓泡泡。

游戏解读：

泡泡最能激发宝宝的兴趣。泡泡的飘动轨迹灵活多变，而且飘动速度缓慢，宝宝看到就会情不自禁地想去抓取。要想抓住泡泡，不仅要奋力去追，而且还要在泡泡飘动的时候，迅速调整自己的平衡，努力向上伸手，宝宝的四肢和身体都是兴奋的。这已经不仅是手眼协调性的锻炼了，这是对宝宝全身协调性的锻炼。宝宝要目测泡泡

的飘动轨迹，预测下一秒泡泡在空中的位置，这对宝宝的大脑是强刺激。

泡泡绚丽的色彩和透明飘忽的状态，落在手上冰凉的感觉，和轻轻一碰瞬间消失的现象，不仅丰富了宝宝的触觉体验，而且可以激发宝宝的想象力和好奇心。

2. 起脚踢球

如果您按照《脑力金钥匙》介绍的方法操作，您的宝宝在这个月龄应该越走越稳。这时候，我们可以和宝宝玩踢球了。

游戏目的： 1. 锻炼宝宝单腿保持平衡的能力。

2. 锻炼宝宝下肢和身体的协调性。

游戏方法：

第一步： 爸爸示范将球踢入栏中。

第二步： 爸爸拉着宝宝的双手，教宝宝起脚踢球。

游戏解读：

踢球的时候，宝宝要单脚抬起并发力，这需要宝宝调整自己的站姿平衡；而且宝宝要用眼睛判断球的位置才能起脚。在游戏中，宝宝会逐渐掌握踢球的角度和力量，这是对身体协调性的提升。

爸爸拉起宝宝的双手，这是为了防止宝宝看到球就习惯性的趴下去爬着玩，同时还可以起到保护作用，帮助宝宝获得平衡。

一开始宝宝能将球踢动就很好，不要要求宝宝踢到什么位置。

3. 玩滑梯

宝宝会走几步之后开始表现出对向上迈步的浓厚兴趣，在家里喜欢蹬着小凳子去够高处的东西，这时可以和宝宝玩滑梯。

游戏目的： 1. 锻炼宝宝向上迈步的能力。

2. 锻炼宝宝的胆量，增强宝宝的自信心。

3. 激发宝宝的愉快情绪。

游戏方法：

第一步： 妈妈站在滑梯旁，拉着宝宝的一只手，让宝宝用另一只手扶住滑梯的扶手，向上迈步。

第二步： 宝宝爬上滑梯之后，妈妈保护宝宝坐下，让宝宝把手放在滑梯两边的护栏上。

第三步： 爸爸在滑梯下面逗引宝宝，鼓励宝宝滑下去（在宝宝准备好之后，妈妈可以在后面轻轻推一下宝宝）。

第四步： 宝宝滑下去之后，爸爸给宝宝一个大大的拥抱，称赞宝宝。

宝宝学会上台阶之后，一定要注意安全。因为宝宝在运动中保持平衡的能力还不强，而且只会上不会下，上到高处很容易发生危险。宝宝活动时，身边一定要有人看护。

游戏解读：

向上迈步，比在平地上迈步难。宝宝需要调动更多的力量才能迈上台阶，而且因为脚下不平，对平衡的要求也更高了。刚开始宝宝只会单腿上台阶，即一条腿迈上后，另一条腿要跟着迈上来，双腿站稳后再迈下一个台阶，不会两条腿交替上台阶。这很正常，宝宝要经过一个比较长的时间，才能学会双腿交替上台阶。

宝宝有时会耍赖，干脆坐在滑梯的台阶上或者开始手脚并用往上爬。爸爸妈妈要保持耐心和欢快的气氛，不要让宝宝对练习产生抵触。

有的宝宝坐在滑梯上不敢往下滑，爸爸妈妈千万不要着急催促，更不要责备宝宝胆小。一开始要选择比较矮的小滑梯，扶着宝宝往下滑。一般宝宝体验几次，就可以自己滑了。如果宝宝还是不愿意，说明宝宝心理和身体方面都没有准备好，就先不玩这个游戏。可以让宝宝只是练习上台阶，宝宝上去之后，爸爸妈妈把宝宝抱下来。可以让宝宝看小朋友是怎么玩滑梯的，等宝宝心理准备好了再玩。

4. 玩具捉迷藏

捉迷藏是宝宝百玩不厌的游戏，1 岁前我们就和宝宝玩过玩具捉迷藏，现在游戏的难度增加了，宝宝要仔细观察才能找到。

游戏目的： 1. 锻炼宝宝的观察能力。
2. 锻炼宝宝的短时记忆能力。

游戏方法：

第一步： 准备 3 个空碗和 1 个宝宝喜欢的玩具。

第二步： 将 2 个空碗扣在地上，用另一个碗扣住玩具（一定要让宝宝看到扣的过程）。

第三步： 将 3 个扣着的碗交换位置，然后问宝宝："玩具在哪儿呢？"

第四步： 宝宝通过观察和回忆，指出扣住玩具的碗。

游戏解读：

把扣住玩具的碗和另外 2 个空塑料碗混在一起时，动作不要太快，要留给宝宝观察和回忆的时间，以后再逐渐加快速度。一旦宝宝找到正确的碗，拿开碗看到玩具时，爸爸妈妈要给宝宝充分的鼓励。

宝宝必须盯住爸爸妈妈的动作，这是对观察能力的锻炼；宝宝必须记住扣住玩具的碗和另外两只空碗换位的顺序，这是对短时记忆的锻炼。

爸爸妈妈可以用宝宝喜欢的任何东西做这个游戏，连宝宝喜欢的食物都可以，不过要注意游戏毯的卫生。

5. 黑白分明

1 岁半的宝宝可以认识两三种颜色，如果您按照本书前面的内容教宝宝识别三原色，宝宝很可能已经记住 3 种以上颜色了。黑色因为特征突出，是宝宝很容易记住的颜色。而当黑色和白色混在一起时，因为视觉对比最强烈，所以很容易被宝宝同时记住。

游戏目的：

1. 强化宝宝对黑色和白色的认知。
2. 提升宝宝手指捏取小东西的能力。
3. 锻炼宝宝的分类能力。
4. 培养宝宝的专注力。
5. 培养宝宝对数字的认知。

游戏方法：

第一步：准备 10 个围棋子，其中 4 个黑棋子、6 个白棋子。妈妈指着棋子告诉宝宝：“这是黑色的，那是白色的。”

第二步：将两种颜色的棋子混在一起，妈妈挑出黑色的围棋子，一边挑一边数“1 个黑色的，2 个黑色的，3 个黑色的”。

第三步：将围棋子再次打乱，让宝宝挑出黑色的围棋子。

第四步：妈妈和宝宝一起数一数挑出了几个黑色的围棋子。

游戏解读：

爸爸妈妈要陪宝宝一起挑围棋子，宝宝每挑出 1 个对的，爸爸妈妈都要给宝宝足够的鼓励和祝贺，让宝宝保持兴趣。一开始不要放一大堆棋子，可以先从 10 个左右开始。特别是需要宝宝挑出的棋子要慢慢增加，否则宝宝会失去耐心，也会增加数数的难度。

6. 学认 1 和 2

数字，是抽象概念。这个月龄的宝宝还无法理解抽象概念，但是这并不妨碍宝宝认识数字和读出数字的读音。一旦宝宝认出并能读出数字，爸爸妈妈就可以用数字编儿歌了。这有利于宝宝尽早理解数字，因为被大脑记住的东西，更容易被理解。

游戏目的： 让宝宝认识数字 1 和 2。

游戏方法：

第一步： 妈妈给宝宝看印有“1”和“2”的图卡，并告诉宝宝“这是 1、那是 2”。

第二步：妈妈带宝宝外出，看见写有“1”和“2”的标志牌或其他指示，问宝宝哪个是 1、哪个是 2。

游戏解读：

10 个数字中，可以先学 1 和 2。因为 1 的外形最简单，2 像一个小鸭子，容易和宝宝大脑中已有的认知建立联系。一旦宝宝认识并能读出这两个数字，爸爸妈妈在生活中任何地方看到这两个数字都可以问宝宝“快看这是什么”，宝宝会在重复中记得更牢。

7. 谁在说

1 岁的时候，宝宝只能说几个简单的词；到了 1 岁半，宝宝就能说几十个词了。从 1 岁到 2 岁，宝宝的语言表达能力会飞速发展，从高冷变成“话痨”。下面这个游戏会让宝宝更加爱上说话。

游戏目的： 1. 提升宝宝的自我意识。

2. 激发宝宝学说话的兴趣。

游戏方法：

第一步： 妈妈和宝宝一起玩，逗宝宝说话。

第二步： 妈妈用手机把宝宝说的话录下来，然后放给宝宝听。

游戏解读：

“我”的声音，“我”听到了，“我”认出了那就是“我”的声音，这是对宝宝自我意识的强化。“我”的声音好听吗？“我”说了什么？宝宝很快就要 2 岁了，就要开始第一反抗期了，那是宝宝自我意识的大觉醒，我们要在此时加强对宝宝自我意识的培养。

爸爸妈妈也可以把自己说话的声音录下来，放给宝宝听。“爸爸妈妈的声音可以录下来，我的声音也可以录下来”，宝宝意识到这一点会很自豪，会认为爸爸妈妈能做到的事，自己也能做到，因而会更积极地学说话。

ilactou
爱力优

8. 要哪个

语言的功能之一是表达需求，一旦通过说话，自己的需求被满足了，说话的人就能体会到语言的作用。我们要通过这个游戏让宝宝体会他说话是可以起作用的，这样宝宝就会越来越愿意说话。

游戏目的： 鼓励宝宝表达自己的想法。

游戏方法：

第一步： 妈妈和宝宝一起玩，逗宝宝说话。

第二步： 妈妈两只手各拿一个玩具，问宝宝："要哪个？"

第三步： 如果宝宝只是用手指，妈妈再问："要哪个？告诉妈妈。"让宝宝不仅用手指，而且要说"要"或者"这个 / 那个"。

游戏解读：

什么时候宝宝的表达欲望最强烈？当他发现自己说话有用的时候！说得不清楚没关系，关键是要说，而不只是用手指。宝宝一旦发现只要他说话，爸爸妈妈就会满足他，他自然就会经常用语言表达自己了。

9. 称呼陌生人

学会和别人打招呼是宝宝社会交往能力发展的基础。对爷爷奶奶要尊敬，家里来了叔叔阿姨要主动打招呼，这一切都是从识别不同的人际关系对象开始的。

游戏目的： 让宝宝学会根据外貌特征区分并称呼陌生人。

游戏方法：

第一步： 妈妈给宝宝看人物图片，告诉宝宝这是爷爷、那是奶奶，这是叔叔、那是阿姨。

第二步： 妈妈拿起一张图片问宝宝："这是谁啊？"看宝宝能否正确地称呼图片上的人。

游戏解读：

在称呼上区分爷爷奶奶、叔叔阿姨，对宝宝接下来的社会交往能力培养很重要。过去，宝宝认为爷爷就是自己的爷爷，奶奶就是自己的奶奶。现在，我们要让宝宝理解，符合一些共同特征的人，都用一类称呼，比如，白头发的男性是爷爷，白头发的女性是奶奶，黑头发的男性是叔叔，黑头发的女性是阿姨。有了这些感性认识，宝宝以后就会自己领悟被称为“奶奶”的人和被称为“阿姨”的人有何不同，社会交往是从掌握不同的称呼开始的。

爸爸妈妈可以先给宝宝讲一遍，带宝宝见一些朋友、同事，告诉宝宝“这是叔叔，那是阿姨”，然后再做这个游戏就轻松多了。可以在照片中放一位黑人叔叔的照片、一位金发阿姨的照片，你猜宝宝能不能叫对呢？如果宝宝能够正确称呼照片上的人，爸爸妈妈要祝贺宝宝，这是在为宝宝今后的社交打基础。

18 ～ 20 个月
宝宝聪明游戏

现在宝宝不仅可以很好地控制自己的步伐，甚至可以在大人的帮助下上下楼梯。宝宝的手眼协调和手部精细动作能力也有明显进步，这使他对物体的操控能力更强，动作的准确性也更高。

1 岁半至 2 岁是宝宝语言发展的加速期，宝宝学习词汇的速度加快，平均每周能学会 10 ～ 20 个新词。当宝宝的词汇量达到 200 个左右时，他们开始说出不完整的双词句（也称“电报句”），比如“妈妈，鞋”。

1. 上下台阶

1 岁半的宝宝大多已经可以熟练地走来走去，现在可以教宝宝上下台阶了。

游戏目的： 让宝宝练习上下台阶。

游戏方法：

第一步： 妈妈扶着宝宝的两只手，保护宝宝上台阶。

第二步： 宝宝站在台阶上，妈妈站在宝宝的旁边，拉着宝宝的手，保护宝宝下台阶。

第三步： 宝宝走下台阶，妈妈拥抱和称赞宝宝。

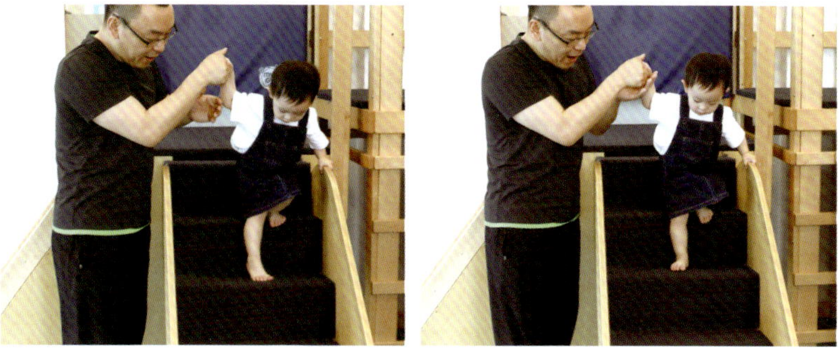

宝宝先迈出右腿踩在下一级台阶上（左图），然后转动右脚，使重心落在右腿上（右图）。

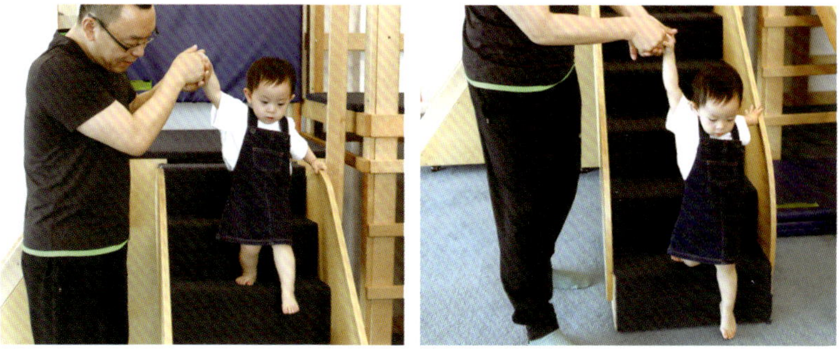

然后将左腿迈向下一级台阶（左图），就这样双腿交替走下台阶（右图）。

游戏解读：

最开始，爸爸妈妈要让宝宝从最低的一级台阶上下来，以后再慢慢过渡到下两级、下三级台阶。宝宝练习一段时间以后，可以过渡到有扶手的楼梯，爸爸妈妈在旁边保护，宝宝尝试自己双手扶住楼梯扶手往下走。多数宝宝在 2 岁左右可以学会下楼梯。

一旦宝宝可以自己扶着楼梯扶手下楼梯了，爸爸妈妈就要注意：防止宝宝在大人看不到时自己下楼梯。如果家里有楼梯，要在楼梯上铺上厚毯子，楼梯的阶角要用安全软角包住。

2. 小小架构师

1 岁半以前，宝宝的精细动作还不熟练。如果给宝宝准备拼插玩具，对宝宝来说，难度有点儿高。过早让宝宝接触拼插玩具，而宝宝又玩不好，容易让宝宝对拼插玩具丧失兴趣。宝宝 1 岁半之后，就可以尽情地玩拼插玩具了。

游戏目的： 1. 提升宝宝的手部精细动作能力。

2. 激发宝宝的想象力和创造力。

游戏方法：

第一步： 妈妈和宝宝一起玩拼插玩具，妈妈给宝宝做示范。

第二步：让宝宝按照自己的方式玩，发挥创造力。

游戏解读：

1 岁半之后的宝宝应该多玩拼插玩具，拼插玩具对宝宝大脑发育的促进是其他类型的玩具不可替代的。宝宝每次用拼插玩具拼出一个东西，都需要经过反复思考，这一块拼在哪，那一块拼在哪，这是策划；拼出来好看不好看，这是判断；宝宝一边琢磨一边修改自己的作品，不断进行是或否的选择，这是逻辑思维的萌芽。

3. 巧手开瓶盖

爸爸妈妈给宝宝买玩具从不会吝啬金钱，但有时候宝宝对那些高档玩具并不感兴趣，反而对家里的瓶瓶罐罐很好奇。爸爸妈妈可以顺应宝宝的这个心理特点，巧用生活用品和宝宝做游戏。

游戏目的： 1. 锻炼宝宝的观察能力。
2. 让宝宝练习拧和倒。
3. 让宝宝获得关于正、反概念的感性认识。

游戏方法：

第一步： 准备一个透明的小玻璃瓶，瓶口一定要小，使宝宝的手无法完全伸入。

第二步： 妈妈和宝宝一起玩，妈妈给宝宝吃饼干。

第三步： 妈妈当着宝宝的面把饼干放进玻璃瓶子里，并拧上瓶盖（不要拧得太紧）。

第四步： 妈妈把瓶子交给宝宝，看宝宝如何拿到饼干。

游戏解读：

宝宝要想吃到食物，就要想办法把食物从瓶子中拿出来，但他的手伸不进瓶子里。怎么才能拿到好吃的呢？通过不断尝试，宝宝会发现，他只要把瓶盖拧开、把瓶子翻过来，好吃的东西是会被倒出来。翻转瓶子这个动作就包含着正、反的概念，宝宝不仅学会了两个新的动作——拧和倒，而且还在操作过程中对正、反有了感性认识。

瓶盖不能拧得太紧，否则宝宝的小手力量不够，拧不动。

爸爸妈妈要反复示范，给宝宝足够多的观察机会。宝宝一旦拧开瓶子，就要祝贺和鼓励他。等宝宝学会了拧开瓶盖，还可以换其他的瓶子，比如抠开的、按钮打开的，用不同的开瓶子方法，增强宝宝的动手能力和解决问题的能力。

4. 桥梁建筑师

前两个月我们介绍过用积木搭火车和高楼的游戏，现在游戏的难度增加了。宝宝不仅要将积木由低到高摆放，而且要将上面的一块搭在下面的两块上。宝宝要调整下面两块积木的距离，才能成功地将第三块放在上面，搭成桥的样子。

游戏目的：

1. 培养宝宝的观察力。
2. 锻炼宝宝的逻辑思维。
3. 锻炼宝宝的模仿能力。

游戏方法：

第一步：宝宝和妈妈一起玩积木，妈妈用积木搭起悬桥，示范给宝宝看。

第二步：妈妈把积木给宝宝，让宝宝自己发挥。

游戏解读：

爸爸妈妈可以先用积木搭出悬桥之类的简单构造，让宝宝观察。宝宝会通过观察，模仿爸爸妈妈搭出一些简单的构造。

如果宝宝看图片，通过自己的观察搭出图片上的简单构造，那就太了不起了。用不同形状的积木，搭出观察到的构造，这需要一系列是、否的选择，每块积木用还是不用，用了以后对还是不对，反复的是、否选择，就是一个逻辑思考过程。

5. 宝宝爱劳动

宝宝非常喜欢模仿大人，大人做的事，他都想试一试，这是培养宝宝劳动习惯的好机会。爸爸妈妈千万不要认为宝宝那么小，舍不得让宝宝做这做那，宝宝的自信心和责任感正是在参与家庭事务的过程中形成的。

游戏目的： 1. 锻炼宝宝的观察和模仿能力。

2. 让宝宝体会参与感。

游戏方法：

第一步： 宝宝和妈妈一起玩，妈妈用抹布擦地板，示范给宝宝看。

第二步：妈妈递给宝宝一条一样的抹布，让宝宝模仿妈妈擦地板。

游戏解读：

过去，宝宝在行动前不会思考动作的幅度和角度。模仿爸爸妈妈做一些家务，对宝宝而言是游戏，但是可以锻炼宝宝动作的分寸感。

当宝宝模仿妈妈擦桌子的时候，一开始只是乱抹，妈妈要指出“这里不干净”“那里还有脏东西”，让宝宝去擦，还可以引导宝宝自己观察擦干净没有。

宝宝模仿爸爸妈妈做家务时，爸爸妈妈要和宝宝互动，宝宝做得对就要鼓励和祝贺，保持宝宝的兴趣。

6. 小朋友一起玩

1 岁半的宝宝对他人很感兴趣，但他们不知道他人的想法和感受，他认为他人的想法和自己是一样的。所以，这一时期宝宝们虽然喜欢在一起，但大多数时候他们还是各玩各的，他们还无法理解什么是分享。

游戏目的： 培养宝宝的社交能力。

游戏方法：

给两个小宝宝一模一样的玩具，让他们一起玩，妈妈坐在附近。

游戏解读：

这个月龄的宝宝，如果互相见面，会彼此观察、模仿甚至打招呼。但是宝宝对于玩具，已经习惯了自己喜欢就是自己的，会因为彼此想要对方的玩具而有抢夺行为。爸爸妈妈们要给宝宝们准备一样的玩具，让他们每人一个，当宝宝看到“他的玩具我也有”时，就可以避免抢夺。而且两个宝宝的玩具一样，他们更容易彼此模仿。

两个宝宝的玩具一模一样，宝宝在观察自己手里的玩具。

一个宝宝在热情地对另一个宝宝说着什么。

7. 儿歌问答

这个游戏采取一问一答的节奏对话，也许宝宝一开始接不出来下半句，爸爸妈妈要多示范几次，等宝宝足够熟悉了就可以接上了。

游戏目的： 1. 为宝宝学唱儿歌做准备。

2. 锻炼宝宝的记忆力。

游戏方法：

第一步： 宝宝和妈妈对坐，妈妈给宝宝唱熟悉的儿歌，但是只唱前半句。

第二步： 妈妈唱完前半句，问宝宝该唱什么了。

第三步： 宝宝接着唱后半句，与妈妈一唱一和。

游戏解读：

爸爸妈妈要选择宝宝已经熟悉的儿歌，每一句不要超过 3 个字，比如“小狗叫，汪汪汪；小猫叫，喵喵喵；小鸭叫，嘎嘎嘎；小鸡叫，咯咯咯。”爸爸妈妈一边拍手一边说前半句“小狗叫”，然后问宝宝“小狗怎么叫”，诱导宝宝说出“汪汪汪”。每次宝宝说对了，爸爸妈妈都要鼓励他。慢慢的，宝宝就可以接上爸爸妈妈的话了，爸爸妈妈说“小狗叫”，宝宝会接“汪汪汪”；爸爸妈妈说“小猫叫”，宝宝会接“喵喵喵”。

20 ～ 22 个月
宝宝聪明游戏

1 岁多的宝宝对发条玩具非常感兴趣，喜欢摆弄开关、纽扣和把手。宝宝的模仿能力越来越强，他模仿大人对着电话咿咿呀呀，或者模仿你开车的样子。爸爸妈妈要注意自己的言行，不想让宝宝学的坏习惯和不文明用语，你自己首先要避免。

1 岁半以后，宝宝开始出现与自我评价相关的情绪，做错了事会表现出一种羞愧感。这时可以有意识地给宝宝建立一些行为规则。

1. 移动接球

前几个月玩的投篮游戏，篮筐是静止不动的，宝宝可以很从容地调整重心、保持平衡，然后把球放进去。如果我们把游戏的难度升级，让宝宝捕捉运动的物体，根据运动的物体调整重心、保持平衡，宝宝能做到吗？

游戏目的： 1. 锻炼宝宝的手眼协调性。

2. 锻炼宝宝在运动中保持平衡的能力。

3. 锻炼宝宝的记忆力。

游戏方法：

第一步： 爸爸妈妈和宝宝一起玩球。

第二步： 爸爸将球扔给妈妈，妈妈示范如何接住球。

第三步： 妈妈把球在地上颠一下，或者把球朝宝宝扔过去，看宝宝是否能接住球。

游戏解读：

球在地上一颠，弹起来的运动轨迹就难以预测了。宝宝必须快速判断球弹起的运动轨迹，然后尽快做出一系列反应，包括眼睛追踪球的运动，双腿和躯干迅速调整重心，防止自己摔倒，然后伸出双手捕捉运动中的球。这一系列动作必须一气呵成，才有可能抓住弹起来的球或抛过来的球。这需要手眼协调性，需要双腿在站立状态下全身的平衡能力。对宝宝来说，这并不容易。如果宝宝成功了，妈妈要给宝宝鼓励和祝贺。

如果宝宝无法接住球也没关系，妈妈要继续和宝宝开心地玩。过不了几天，妈妈就会发现宝宝可以轻松地接住球了。

2. 宝宝快长高

长高、蹲下、跳跳、转身……这些词，一边做动作一边说理解最快。

游戏目的： 1. 锻炼宝宝站起、蹲下等大运动能力。

2. 让宝宝理解与动作有关的词。

游戏方法：

第一步： 妈妈和宝宝面对面蹲下，妈妈喊“长高”，同时拉着宝宝的手从蹲姿起立。

第二步： 宝宝蹲下，妈妈喊“长高”，宝宝听到口令从蹲姿起立。

第三步： 如果宝宝做对了，就让宝宝喊口令，妈妈做动作。

游戏解读：

爸爸妈妈先说口令，然后大家一起做动作，等宝宝熟悉以后就由宝宝说出口令。宝宝很喜欢看到大人按照自己的口令做动作，这会让宝宝很兴奋。宝宝会在游戏中，理解各种动词比如“跳跳”“转身”的意思。

3. 玩平衡木

快 2 岁的宝宝，大多数已经走得非常熟练了，宝宝希望挑战更难的动作。走平衡木是这一阶段宝宝喜欢的游戏，不仅可以提升宝宝的平衡能力，而且可以培养宝宝勇敢的品质。

游戏目的： 1. 锻炼宝宝的平衡能力。

2. 培养宝宝勇敢的品质。

游戏方法：

第一步： 选择平直、高度较低的平衡木，在平衡木的一端贴一条红线。

第二步： 妈妈拉着宝宝的手，鼓励宝宝去踩平衡木另一端的红线。

第三步： 选择色彩鲜艳、有弯度的平衡木，妈妈拉着宝宝的手，保护宝宝从平衡木的一端走到另一端。

游戏解读：

先从比较容易的平直的平衡木开始，慢慢过渡到有弯度的平衡木。有弯度的平衡木对宝宝的转向能力提出了更高的要求，对宝宝来说难度较大。如果宝宝不敢玩平衡木，爸爸妈妈不要强迫宝宝，更不要说“你怎么这么胆小”的话，可以先让宝宝看其他小朋友玩。宝宝看到其他小朋友很安全地走过平衡木，很开心的样子，自己也想试试。

4. 巧手穿珠子

穿珠子对大人来说是非常简单的一个动作，但对 1 岁多的宝宝来说，却是一道智力难题。在穿珠子的过程中，不仅宝宝的精细动作能力得到了提高，而且专注力和执着精神也得到了锻炼。更重要的是，宝宝可以体验到通过自己的努力和坚持攻克一个难题的成就感，会让宝宝更自信。

游戏目的： 1. 锻炼宝宝手指捏取的能力和两手的协调配合。

2. 培养宝宝的专注力和执着精神。

3. 让宝宝体会成就感，增强自信心。

游戏方法：

第一步： 宝宝和妈妈一起玩，妈妈穿珠子给宝宝示范。

第二步： 妈妈拿着珠子，把绳子给宝宝，引导宝宝将绳子穿入珠子。

第三步：宝宝把绳子穿入珠子后，妈妈告诉宝宝如何将绳子从珠子中拉出来。

第四步：妈妈把珠子和绳子都给宝宝，让宝宝左右手配合，将绳子穿过珠子。

MY GYM

游戏解读：

宝宝要想把绳子穿过珠子，必须要一只手捏住绳子，另一只手拿住串珠，两手精准配合。手捏绳子的位置也很重要，捏得太靠前，绳子太短，能穿入珠子，但从珠子的另一端拿不到绳子，珠子就无法成功穿上；捏得太靠后，绳子太长，又不容易对准珠子中间的孔。宝宝必须经过多次尝试，不断调整自己的动作，才能把绳子穿入珠子。而且，把绳子穿入珠子只是第一步，接下来还要从珠子的另一端把绳子拉出来，珠子才能成功穿入。一开始，宝宝只知道做第一步，不知道还要做第二步。这时爸爸妈妈可以帮助宝宝拉一下绳子，示范几次宝宝就能自己完成了。每穿上一个珠子，宝宝会高兴地举起来给爸爸妈妈看。这时，爸爸妈妈要充分肯定和赞赏宝宝。

建议选择色彩艳丽的珠子，直径在 3 ~ 4 厘米，孔径在 1 厘米左右。这样的珠子比较容易穿起来，不同颜色的珠子穿在一起很漂亮。为了保持宝宝的游戏兴趣，爸爸妈妈可以和宝宝一起穿，可以把宝宝辛苦穿好的珠子戴在宝宝脖子上当项链。

要选择粗一点儿的尼龙绳，提前用火烧一下线头，线头就会变硬，方便宝宝穿珠。还有一种专门让宝宝练习穿珠子的玩具，绳子比较粗，绳头进行了处理，比较硬，用这种绳子练习比较容易成功。

5. 从画圈到画猪

1 岁多的宝宝很喜欢涂涂画画，不仅是在纸上，有时候甚至在墙上、床单上涂画。拿笔涂涂画画是对手指精细动作能力很好的锻炼，可以为将来学写字做准备。

游戏目的： 1. 让宝宝练习画曲线。

2. 让宝宝练习在特定位置涂画。

3. 锻炼宝宝的观察能力和模仿能力。

游戏方法：

第一步：妈妈和宝宝一起涂鸦，妈妈画一个圆圈，在圆圈里画上眼睛和鼻子，圆圈就变成了小猪。

第二步：妈妈给宝宝指出小猪的眼睛、鼻子在哪里。

第三步：妈妈再画一个圆圈，让宝宝在圆圈里画上眼睛和鼻子，使圆圈变成小猪。

游戏解读：

宝宝过去涂鸦，是完全没有逻辑的乱画。爸爸妈妈要观察宝宝的涂鸦，当发现宝宝画出一些图形时，比如圆圈，爸爸妈妈就要给宝宝的涂鸦加上几笔：给一个圆圈加上鼻子、眼睛，就成了小猪；给几条竖线加上树冠，就成了一棵树。

爸爸妈妈把这些加工的过程给宝宝看，宝宝慢慢就会自己给自己的涂鸦加上这些点缀。慢慢的，宝宝就会有意识地去画小猪和树，涂鸦也就成了有目的的绘画。

6. 捉迷藏

捉迷藏是宝宝非常喜欢的游戏，不仅可以促进宝宝运动能力的发展，而且可以帮助宝宝理解你的离开是短暂的，你还会回来。爸爸妈妈短暂离开，可以让宝宝更独立。但要告诉宝宝你要离开一会儿，但很快会回来，不要突然消失，否则他会焦虑、没有安全感。

游戏目的： 1. 提升宝宝的大运动能力。

2. 提升宝宝的自我意识。

游戏方法：

第一步： 妈妈找一个地方藏起来，别让宝宝看见。

第二步： 妈妈呼唤宝宝，宝宝听到妈妈的呼唤就会开始寻找。如果宝宝找到妈妈，妈妈要做出惊喜的样子祝贺宝宝。

第三步：让宝宝藏起来，妈妈找宝宝。

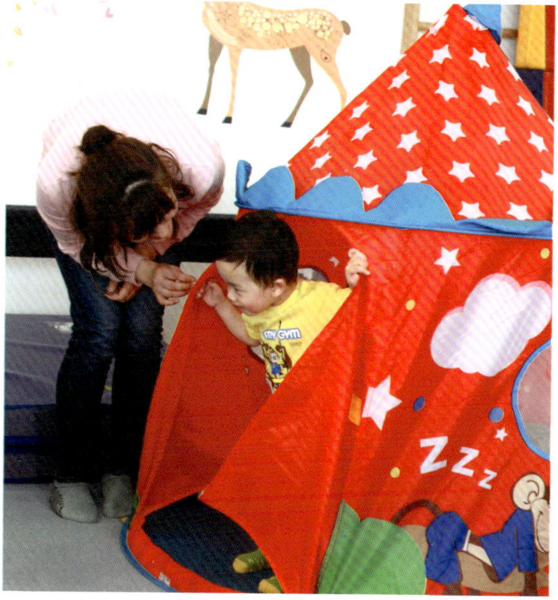

游戏解读：

妈妈藏起来让宝宝找，当宝宝发现“我”被妈妈呼唤，“我”要找妈妈的时候，宝宝的自我意识就会清晰起来。在寻找过程中，宝宝完全是独立的，妈妈是宝宝一个人找到的，宝宝的自信心会增强。

也可以让宝宝藏起来，爸爸妈妈找。宝宝会想办法把自己藏起来，不让妈妈找到。当他担心自己被妈妈找到时，他的自我意识是最清晰的。宝宝藏的时候往往是顾头不顾尾的，他的小脚丫或小屁股很可能露在外面。爸爸妈妈要装作没看见，从宝宝身边经过一两次，让宝宝既紧张又得意，这时宝宝的自我意识再一次得到了强化。爸爸妈妈找到宝宝的时候要假装很意外，宝宝就会很开心。

捉迷藏的时候，宝宝会经历几次自我意识清晰的时刻。“我”要藏起来，妈妈开始找“我”了，“我”要藏好别出声；哎呀，妈妈要找到“我”了；嘘，妈妈没看到“我”；啊，妈妈找到“我”了……不断地“我”“我”“我”，捉迷藏是发展自我意识的好游戏。

22 ～ 24 个月
宝宝聪明游戏

现在宝宝已经走得很好了，甚至可以跌跌撞撞地向前跑几小步。随着身体协调性和手指精细动作能力的增强，可以和宝宝玩一些更复杂的游戏，比如简单的折纸、捏橡皮泥等。

大部分宝宝在快 2 岁的时候能掌握 50 个左右口语词汇，会使用“我”和“你”，会将 2 ～ 4 个词放在一起组成短句子。如果你的宝宝还做不到这些也没关系，孩子之间的差异很大。

2 岁左右的宝宝可以学会自己洗手、刷牙，还会配合穿脱衣服，你可以让他先学脱鞋、脱袜子、脱裤子，他会很有兴趣。

1. 跳下台阶

接近 2 周岁的宝宝可以练习跳跃。

游戏目的： 1. 练习从高处跳下。
2. 增强宝宝的平衡感。
3. 增强宝宝的下肢力量。

游戏方法：

第一步： 宝宝和妈妈站在台阶上，妈妈牵住宝宝的手，鼓励宝宝从台阶上跳下来。

第二步： 宝宝跳下台阶，妈妈拥抱和称赞宝宝。

游戏解读：

爸爸妈妈可以示范从楼梯最后一级台阶上跳下，让宝宝模仿从最低的台阶上跳下。千万不要性急，防止宝宝摔倒。这样的游戏做多了，宝宝的自信心会提升，有时他会从两级台阶上跳下。此时，宝宝还不能独立跳下，爸爸妈妈要拉住宝宝的双手，保护宝宝。

爸爸妈妈可以分别站在宝宝的两边，拉着宝宝的手，和宝宝一起向前跳。这时，爸爸妈妈要控制距离，三人动作要一致，以防宝宝失去平衡。

MY GYM

2. 小兔跳跳跳

爸爸妈妈平时要多学习儿歌，而且不仅是唱，还要发挥想象力，按照儿歌的内容和节奏设计几个动作，带着宝宝一起做，就好像做家庭体操一样。宝宝很喜欢随着节奏做动作，这本身就是对语言能力和模仿能力的锻炼。

游戏目的： 1. 锻炼宝宝自己下蹲、起立。

2. 锻炼宝宝在蹲起之间保持平衡的能力。

3. 锻炼宝宝腿部肌肉的爆发力。

游戏方法：

第一步： 妈妈和宝宝一起，把手举起，放在头上当兔子耳朵。

第二步： 妈妈唱儿歌，按照节奏学小兔跳跳跳，反复屈膝跳起。

第三步： 宝宝和妈妈一起，按照儿歌的节奏学小兔跳跳跳。

游戏解读：

屈膝半蹲然后跳起，重心会不断改变，可以锻炼宝宝保持动态平衡的能力。从蹲下的姿势向上跳起，需要腿部肌肉的爆发力。为了更有趣味，可以模仿小动物。

3. 画五官

按照《脑力金钥匙》的游戏方法，宝宝到这个月龄已经熟悉了五官，可以指出眼睛、鼻子、嘴。但是，宝宝会把脸当做一个整体，并不理解局部和整体的关系。

游戏目的： 让宝宝理解局部和整体。

游戏方法：

第一步： 妈妈和宝宝一起涂鸦，妈妈画个圆，在圆上画上两只眼睛。

第二步：妈妈问宝宝“鼻子在哪里？”

第三步：宝宝在圆上找到位置，画出鼻子。

游戏解读：

爸爸妈妈可以用填空画画的方式，让宝宝理解，脸是由眼睛、鼻子、嘴组成的。爸爸妈妈可以先在圆圈里画眼睛，然后让宝宝画鼻子和嘴。之所以爸爸妈妈画眼睛，一方面是因为眼睛比较难画，另一方面是因为眼睛的位置一确定，脸的结构就呈现出来了，脸上其他部分就好找位置了。鼻子和嘴，只用一个线条就可以画出来。

宝宝如果一开始找不到位置，爸爸妈妈可以多示范几次。

4. 照镜子换帽子

在《脑力金钥匙：雷明教你做游戏（0~1 岁）》一书中，我们曾经介绍过照镜子游戏。照镜子是提升宝宝自我意识的好游戏。现在我们把照镜子游戏升级，让宝宝看到镜子里的自己不一样了。

游戏目的： 强化宝宝的自我意识。

游戏方法：

第一步：准备几顶不同颜色和式样的小帽子。

第二步：妈妈和宝宝站在镜子前，妈妈示范戴帽子。

第三步：妈妈给宝宝戴上不同的帽子，让宝宝从镜子中看到不一样的自己。

游戏解读：

宝宝看到镜子中的自己一会儿变一个样，会很开心。当他意识到“我看上去不一样了”，每一次自己形象上的变化，都是对宝宝自我意识的强化。这时妈妈要通过镜子和宝宝交流，眼睛要看着镜子里宝宝的眼睛和宝宝说：“刚才是一顶黄帽子，现在是一顶蓝帽子。”这不仅是对宝宝自我意识的强化，也是对宝宝语言能力的提升。

5. 自己吃饭

按照本书前面介绍的方法经常使用勺子的宝宝，在这个月龄已经可以比较熟练使用勺子了。这时，爸爸妈妈就可以尝试让宝宝自己吃饭。

游戏目的： 1. 让宝宝学会自己吃饭。

2. 锻炼宝宝的手眼协调和双手协调能力。

游戏方法：

第一步： 妈妈给宝宝盛好饭（饭不要盛太满），准备好勺子。

第二步： 妈妈把碗和勺子交给宝宝，让宝宝用勺子自己吃饭。

游戏解读：

一开始，宝宝一定吃得很邋遢，但是爸爸妈妈不要失去耐心。自己吃饭，宝宝要同时控制一个碗和一把勺子，是双手协调和手眼协调的一次大考验。

爸爸妈妈要在食物上动脑筋，选择方便用勺子舀起来的食物，比如鸡蛋羹、豆腐之类的食物。同时，爸爸妈妈要选择安全的餐具。一旦宝宝发现自己不用喂、独立吃完了一餐饭，自信心就会获得极大提升。

6. 学脱裤子

自己吃饭，自己穿衣服、脱衣服，不仅仅是自理能力强弱的问题，对宝宝自信心的形成也有直接影响。“你们能做的，我也能做”是人类自信的重要来源，爸爸妈妈要重视在日常生活中培养宝宝自己做事的能力。

游戏目的： 1. 培养宝宝的自信心。
2. 培养宝宝的独立意识。

游戏方法：

第一步： 妈妈帮宝宝把裤子脱到膝盖处。

第二步：妈妈告诉宝宝如何把裤子脱到脚踝处。

第三步：妈妈帮宝宝把脚从裤子中抽出来。

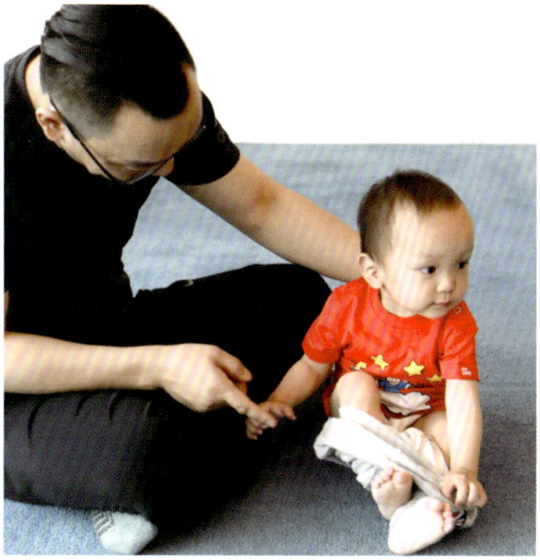

游戏解读：

让宝宝学会脱衣服的关键点有 3 个：一是从最容易脱的开始学，比如脱袜子、脱裤子（脱短裤比脱长裤容易）就比脱上衣容易学；二是要给宝宝穿容易穿脱的衣服、鞋袜，太紧或太复杂，宝宝很难学会；三是要将脱这个动作拆分成几个简单的步骤，用宝宝能够听得懂的表达方式告诉宝宝。爸爸妈妈可以先帮宝宝完成一部分，逐渐过渡到宝宝独立完成。

宝宝在 2 岁多会迎来第一反抗期，那是宝宝独立意识的第一次大爆发。所以爸爸妈妈现在就要开始做准备，让宝宝能独立完成一些生活上的事情。

7. 你的我的

学会代词的使用，是宝宝语言能力的一大进步。在游戏中，爸爸妈妈要多和宝宝使用“你的”“我的”进行互动。

游戏目的： 让宝宝逐渐理解“你的”“我的”。

游戏方法：

第一步： 宝宝和妈妈一起玩，每人手里各拿一个玩具。

第二步： 妈妈用自己的玩具逗引宝宝，吸引宝宝要妈妈手里的玩具。

第三步： 妈妈拿着玩具对宝宝说：“这是我的。”

第四步：妈妈指着宝宝手里的玩具，对宝宝说："这是你的。"

游戏解读：

宝宝最开始会理解"我的"概念，强调自己对玩具的所有权，然后当妈妈反复把玩具交给宝宝时，多说"你的"。当宝宝认识了爸爸妈妈的衣服，爸爸去上班时，妈妈可以指着爸爸的衣服，对宝宝说："这是他的。"

特别提示

虽然不同的孩子生长发育的速度有所不同，但如果孩子出现以下问题，请及时向医生咨询。

· 18 个月后仍然不会走路。

· 只会用脚尖走路。

· 18 个月后会说的字词少于 15 个。

· 2 岁后不会说由两个词组成的句子。

· 15 个月后看上去不明白家中一些常见物品的用途。

· 不会模仿声音或行动。

· 2 岁后听不懂一些简单的指令。

· 2 岁后无法推动带轮子的玩具。

——以上内容引自《美国儿科学会育儿百科（第 6 版）》